X 2365
c.

DISCOURS

Prononcé

A la Séance publique de l'Académie des Sciences, Belles-Lettres & Arts d'Amiens, le 25 Août 1774,

Par

M. D'AGAY, *Intendant de la Province*;

SUR L'UTILITÉ DES SCIENCES ET DES ARTS.

A AMIENS;

Chez la Veuve GODART, Imprimeur du Roi & de l'Académie.

M. DCC. LXXIV.

AVEC PERMISSION.

EXTRAIT des Regiſtres de l'Académie des Sciences, Belles-Lettres & Arts d'Amiens.

Aujourd'hui, 26 Août 1774, l'Académie a arrêté que l'éloquent Diſcours prononcé hier dans la Séance Publique, par Monſieur d'Agay, Intendant de la Province, & Honoraire de l'Académie, feroit imprimé, non-ſeulement pour l'honneur & l'encouragement des Sciences, des Belles-Lettres & des Arts, dans la Province de Picardie, mais pour annoncer à la Nation & à l'Europe l'établiſſement important des différents Canaux qui s'exécutent actuellement dans cette Province, par les ordres du Gouvernement, & par le zele de Monſieur d'Agay pour le bien public, & notamment le grand Ouvrage du Canal ſouterrain, qui va établir la jonction de la SOMME à l'ESCAUT; Ouvrage auſſi eſſentiel au commerce intérieur de la France, qu'à ſon commerce général avec les autres Nations; Monument digne du génie & de la magnificence des Romains, & dont le plan eſt tracé dans le préſent Diſcours.

BARON, Secretaire perpétuel de l'Académie.

DISCOURS

Prononcé à la Séance publique de l'Académie des Sciences, Belles-Lettres & Arts d'Amiens, le 25 Août 1774, par M. D'AGAY, Intendant de la Province, sur l'utilité des Sciences & des Arts.

OUVENT on a fait l'injustice aux Sociétés d'hommes dévoués aux Sciences & aux Arts, de les réduire au rang des établissements qui n'ont que le mérite frivole de satisfaire la curiosité, sans être utiles à l'humanité ; quelquefois on a porté l'égarement ou la jalousie jusqu'à vouloir leur imprimer une tache plus flétrissante encore ; celle de nuire aux Empires qui les cultivent avec le plus de gloire & de succès ; reproche absurde qui dévoile l'envie des gens oisifs & le désespoir des Talents médiocres réunis pour conspirer contre le génie, décrier ses efforts les plus sublimes, & le décourager.

Ne craignons pas de voir un siecle éclairé céder à de pareilles illufions. La joüiffance d'une foule de biens & d'avantages que nous devons aux Sciences & aux Arts, eft pour eux un éloge plus pur & plus durable que celui de l'Éloquence ; mais, dans un jour particuliérement confacré à leurs fuccès, dans un lieu qui leur fert de temple & d'afyle, où des Talents de tout genre s'ennobliffent encore par le zele du bien public qui les dirige, célébrons notre reconnoiffance, & ranimons notre amour pour les Sciences, en nous rappellant une vérité qui les honore & encourage les Affemblées littéraires, combien les Sciences & les Arts contribuent à la félicité publique.

La Nature, en prodiguant à l'homme, dans fon origine, fes dons & fes richeffes les plus précieufes, l'invitoit à jouir de tous les biens qu'elle deftine à fon ufage ; mais, avec quelle heureufe fécondité, n'a-t-il pas fu multiplier fes bienfaits, lorfque les befoins, l'émulation, ou même la fimple curiofité, ont développé fon induftrie, & fondé, par d'utiles découvertes, l'Empire des Sciences & des Arts ; lorfqu'il a fuivi l'effor du génie, plus puiffant encore, pour les perfectionner ?

La Terre offroit à l'homme, dans les fruits qu'elle produit, des aliments faciles à recueillir ; mais elle cachoit, dans fon fein, ce grain fi précieux qui feul répare & entretient pleinement fes forces ; il étoit réfervé à fon induftrie de le découvrir, & à fes travaux de le faire éclore.

Telle eft l'origine de l'Agriculture, du premier & du plus noble de tous les Arts, puifqu'il prodigue aux hommes le plus riche tréfor que la Nature ait formé pour leur confervation ; richeffes également ineftimables aux yeux du fage & de l'homme ruftique, & qui impriment aux Empires un degré de puiffance & de ftabilité fupérieur à la force.

Il manquoit aux premiers habitants de l'Univers un afyle

pour

pour assurer leur repos, un abri contre les rigueurs des saisons également destructives par leurs excès opposés. Bientôt le besoin leur traça des habitations, & forma, par des traits grossiers, les premiers éléments de l'Architecture qui, dans sa plus grande perfection, doit toujours imiter la simplicité de la Nature.

C'est ainsi que les premiers besoins ont jetté les fondements des Arts les plus précieux; il en falloit peu à ces premieres sociétés peu nombreuses, réunies par les liens du sang, insensibles au desir de posséder & d'acquérir, parce qu'elles ne connoissoient pas encore la nécessité des propriétés & la crainte de l'indigence; exemptes, en un mot, de mille besoins nouveaux, qui sont nés avec les grandes sociétés, & qui ont multiplié les Arts; heureuse privation, sans doute, qui conservoit alors la paix de ces premieres familles errantes dans l'Univers; mais qui devoit disparoître nécessairement à la formation des Peuples nombreux qui se sont fixés dans les différentes parties du Globe, & l'ont partagé entr'eux !

C'est à cette époque que les hommes épars, désunis & devenus étrangers les uns aux autres par leur grand nombre, sentant les dangers de leur foiblesse, sous les dehors de l'indépendance, ont cherché leur sûreté réciproque en réunissant de grandes sociétés sous des loix communes.

Delà sort la distinction des propriétés, source également féconde des plus grands biens & des plus grands désordres, qui forment des Citoyens en les attachant à leur Patrie, affermissent leur bonheur en leur assurant la protection de l'État; mais qui occasionnent quelquefois la destruction de l'État & des Citoyens, par des guerres entre les Nations, ou des contestations entre les Particuliers.

Delà sont nées des vertus utiles à l'humanité, l'amour du bien public & la bienfaisance; des vices qui alterent souvent

B

l'ordre de la société, l'envie & l'injuste desir de s'aggrandir & de dominer ; enfin cette foule de connoissances que les Talents & le travail d'un grand nombre de siecles ont accumulées, & que nous perfectionnons encore sous le nom des *Sciences* & des *Arts* ; dépôt précieux que les génies les plus favorisés de la Nature ont formé pour l'utilité commune ; quelle heureuse influence n'a-t-il pas eu dans tous les temps sur la félicité publique !

Que l'on parcoure l'Histoire des Peuples qui ont occupé le grand théatre du Monde, on trouvera par-tout des monuments de l'utilité des Sciences & de leur pouvoir bienfaisant. Le premier qui osa mesurer l'étendue du Ciel, & fixer, par ses calculs, le cours périodique des Astres, ramena bientôt ses regards sur le Globe, & découvrit aux Peuples étonnés les principes des variations des saisons & de l'ordre admirable avec lequel se succédant les unes aux autres, elles vivifient la Terre, & prescrivent à ses Cultivateurs le temps de leurs travaux & de leurs récoltes.

Quelle preuve plus frappante de l'existence d'un Etre suprême, infini dans son pouvoir, dans sa sagesse & dans sa bienfaisance ! Quelle leçon plus éloquente pour apprendre aux hommes à lui marquer leur reconnoissance par leurs hommages ! Ainsi, par le secours de ses propres connoissances, l'homme, qui n'auroit point été éclairé par la révélation, pouvoit s'élever à la plus sublime de toutes les Sciences, une Théologie naturelle & pure ; ainsi se formoit naturellement une Philosophie morale, qui lui traçoit ses devoirs dans ses propres réflexions sur lui-même, sur l'Univers, & sur l'Etre admirable qui en est le principe.

Il existe donc un enchaînement sensible, évident entre les Sciences & la Morale ; l'attrait de la curiosité, qui fait étudier la Nature & approfondir ses opérations, fait goûter insensiblement le plaisir d'obéir à sa voix, & de contribuer au bonheur de la société, en l'éclairant par ses propres découvertes. Combien de fois les recherches, les plus vaines en apparence, n'ont-elles pas révélé les plus précieux secrets de la Nature, & les plus utiles à l'humanité !

Quelle multitude innombrable d'herbes & de plantes sont restées long-temps inconnues, & forment aujourd'hui les trésors de la Médecine, par l'heureux effet des recherches curieuses ou du hasard ! Combien de sucs vénimeux & mortels ; combien de végétaux pernicieux, productions impures de la Terre, ont été transformés & mis au rang de ses bienfaits, par les miracles de la Chymie !

Mais les recherches trop étendues de l'esprit humain paroissoient condamnées par la Nature même qui opposoit à la curiosité de l'homme & à ses courses une barriere impénétrable, un Élément inconnu, immense dans sa profondeur & dans son étendue, irréconciliable ennemi de l'homme qu'il prive du principe même de la vie. Que ne peut pas le génie, lorsqu'il déploie, avec audace, toutes ses ressources ! Sur l'édifice le plus fragile, dont il est le constructeur & le guide, il s'élance au milieu des Mers ; &, malgré la fureur des vents qui deviennent dociles entre ses mains, il assujettit à ses loix & parcourt en vainqueur l'Élément le plus redoutable.

Par cette heureuse audace, le Navigateur porte l'abondance avec le superflu de ses biens à des Peuples éloignés qui lui paient volontairement un tribut de richesses nouvelles qui manquoient à sa Patrie ; bienfaiteur du Genre humain, ami de toutes les Nations, il les rapproche & les réunit par le lien le plus général & le plus puissant sur tous les Peuples, l'Art de pourvoir à leurs besoins réciproques, & de leur faire chérir, en même temps, la paix, le travail & l'industrie.

Il est, sans doute, des Sciences plus nobles encore qui embrassent directement l'ordre public dans sa source, en traçant aux hommes le plan de leur félicité commune dans une sage constitution de Gouvernement, en dévoilant aux Souverains & à leurs Ministres la connoissance des hommes, de leurs passions & de leurs intérêts, qui renferme peut-être le plus grand Art de la Politique.

Que seroit aujourd'hui l'Univers sans cette Science sublime créatrice des Loix, sans celle du Gouvernement qui les maintient ? La violence & la force en feroient, sans doute, un théatre de brigandages, où l'innocence, sans appui, seroit par-tout opprimée par le crime sûr de l'impunité ; où la voix de la raison & de l'équité seroit étouffée par la crainte ; où l'honneur & la vertu méprisés & poursuivis par mille passions ouvertement déclarées contr'eux, ne trouveroient plus aucun asyle.

A la vue de ce tableau effrayant qui n'est pas une fiction chez les Peuples barbares, admirons, avec reconnoissance, le pouvoir & les avantages de la législation qui a fait le bonheur de l'humanité, en subjuguant les Peuples par la raison, pour les assujettir à l'ordre & à l'autorité qui le maintient. Quelle étendue de génie & de connoissances ! Quelle profondeur de vues ne faut-il pas au Législateur pour fixer des hommes ennemis de la contrainte & jaloux de leur indépendance, combiner leurs intérêts avec leurs mœurs & leurs besoins, le physique avec le moral, leur imposer un juste mélange de peines & de récompenses, de sévérité & d'encouragement, qui fasse également craindre & chérir le Gouvernement; créer enfin un ressort national assorti au caractere d'un Peuple qui puisse également résister aux disgraces publiques qui l'abattent, & aux succès qui l'enivrent !

Telle est la constitution inaltérable d'une sage législation.

Le

l'extinction presque entiere des Sciences & des Arts dans l'Univers.

Dans cette longue nuit d'ignorance qui obscurcit principalement les Pays Occidentaux envahis par des Nations barbares ou guerrieres, les Sciences & les Arts trouverent un foible asyle dans l'Empire d'Orient, tristes débris de la puissance Romaine. Elles y jetterent quelques étincelles, plus propres à conserver le souvenir de leur ancien éclat, qu'à éclairer les hommes. Elles éprouverent, enfin, la plus severe proscription par les Destructeurs de l'Empire de Constantin, que la politique de leur Législateur a dévoué à l'ignorance & au mépris des Sciences.

Cette révolution, qui sembloit les détruire sans retour, est devenue l'heureuse époque de leur établissement dans nos Climats, & l'aurore de leurs plus beaux jours. Quelques Savans, échappés à la proscription, & fugitifs en Italie, les ramenerent, avec eux, dans cette Région qu'elles avoient éclairé avec tant de gloire. FRANÇOIS Ier, ce Prince si digne, par sa grandeur d'ame & par sa bienfaisance, d'être le Restaurateur des Sciences & des Arts, les appella en France, les chérit, les honora, & a mérité, par un si grand service, que la postérité, oubliant ses fautes politiques, & les imprudences d'un courage bouillant & fatal à la France, l'ait mis au rang des plus grands Rois.

A cette voix puissante & créatrice, la France s'émut. Une subite émulation enflamma les Talents, & franchissant les préjugés qui les enchaînoient elle fit ressentir les premiers élans du genie, & les premieres étincelles du goût qui devoient renouveller ces heureux Climats ; tout favorisoit & allumoit cette ardeur naissante pour les Sciences & les Arts, qui annonçoit leur perfection à venir.

L'heureuse invention de l'Imprimerie, toute récente, facilitoit leurs progrès, leur assuroit l'immortalité. Le desir, si nouveau parmi les Grands, de connoître les Sciences qui les avoient fait rougir, devint un signal d'empressement & d'ardeur pour tous les Ordres.

Mais les Sciences, elles-mêmes, rougissoient de s'expliquer dans une langue qui n'étoit qu'un assemblage confus de mots barbares & d'expressions hérissées de grec & de latin. Bientôt elle commença de prendre un caractere; l'usage, corrigé par le goût, lui donna de l'harmonie & de la douceur, & l'assujettit à des regles. Quelle noble élégance! combien de pureté & d'agréments n'a-t-elle pas acquis dans les Ouvrages immortels qui ont illustré le siecle de Louis XIV, & celui de Louis XV, & qui en ont fait la Langue universelle & dominante de l'Europe! Mais je m'égare en devançant trop rapidement les progrès communs des Sciences & des Arts, qui, par leur marche égale & mesurée, s'entr'aident mutuellement dans leurs conquêtes.

A ce mot de conquêtes, arrêtons-nous un moment sur l'étonnante révolution dont ce siecle, fécond en prodiges, fut témoin; révolution qui fut l'ouvrage des Sciences & soumit à leur Empire un autre Univers. L'heureuse découverte des propriétés de l'Aimant, & l'invention de la Boussole, enhardirent le Navigateur, & le conduisirent, par une route jusqu'alors ignorée, dans un nouveau Monde.

Par cet événement surprenant, la Nature s'agrandissoit & offroit, à ses Observateurs, une source abondante & inépuisable de richesses nouvelles; mais l'avarice des Peuples s'irrita d'abord pour des richesses purement de convention, l'or & les pierreries, &, pour se satisfaire, opprima & détruisit l'humanité dans ces malheureux Climats. Oublions ces restes de barbarie & d'ignorance d'un siecle encore imbu de préjugés peu délicats sur les droits de la raison & de l'humanité, mais qui en aura toujours fur notre réconnoiffance, pour avoir tracé, parmi nous, la route des Sciences & des Arts. La Philofophie plus éclairée des fiecles fuivants, la liberté & la protection qui ont donné l'effor au Commerce, le concert général des Peuples, devenus calculateurs, ont réuni l'ancien & le nouveau Monde, &, par une balance égale de leurs productions & de leurs richeffes, l'induftrie a rendu tous les Hommes Citoyens de l'Univers, & favorifé la découverte de toute la Nature.

Mais, tous ces avantages devoient être le prix des recherches laborieufes qui perfectionnent lentement les Sciences, & forment, par degré, la chaîne des connoiffances humaines. Les Arts, qui font du reffort de l'imagination, précipiterent leurs progrès & s'éleverent plus rapidement à leur perfection, fur-tout dans les Climats qui échauffent le génie ; déja l'Italie avoit ranimé dans fon fein le feu de la Poéfie, & produit les fictions charmantes, les Poëmes brillants de l'Ariofte & du Taffe. Raphaël & Michel-Ange avoient fait revivre, dans leurs Chefs-d'Œuvres, les plus grands modeles de l'antiquité.

La France s'effayoit, pour atteindre plus furement à cette prééminence de goût, qui femble la caractérifer aujourd'hui dans tous les Arts. Elle élevoit fur les ruines des Bâtiments gothiques, cette Architecture, également fimple & majeftueufe que l'on admire dans la façade du Louvre. Elle animoit le génie de la Peinture, de la Sculpture, qui nous préparoit les Chefs-d'Œuvres des le Pouffin, le Sueur, Lebrun, pour nous faire envifager, fans envie, ceux de Rome & de l'Italie. Elle acquéroit des titres plus précieux encore à l'humanité, en relevant l'Agriculture que la Nation, éprife uniquement de la gloire militaire, avoit dédaignée, & qui devint la fource de fa véritable grandeur & de fa puiffance, lorſque le vertueux Sully fit ſortir l'abondance du ſein de nos Campagnes déſertes & arroſées du ſang des Citoyens.

Cette heureuſe époque, où le ſage Miniſtre du meilleur des Rois, du Pere des Peuples, leur ouvroit le plus riche tréſor de la nature, cette époque chérie de tous les cœurs François, a fondé le bonheur des ſiecles ſuivants, la ſplendeur du regne de Louis XIV, & la perfection des Sciences & des Arts qui le caractériſe : c'eſt par l'abondance & la population, heureux dons de l'Agriculture, que le génie du grand Colbert, créateur de l'Induſtrie & du Commerce, a fixé parmi nous ces précieuſes Manufactures qui font circuler, dans tout l'Univers, nos riches étoffes, où l'or, l'argent & la ſoie ſe confondent avec tant d'art ; ces draps ſi fins, fabriqués ſous vos yeux & recherchés par les Etrangers ; ces autres ouvrages, où nos fils & nos laines ſont employés avec tant de perfection par les mains de nos Ouvriers.

Ne croyons pas que ces établiſſements, ſi avantageux à la Nation, pour la balance du Commerce & des richeſſes, que ces Manufactures qui rendent l'Etranger admirateur & tributaire de notre induſtrie, puiſſent avoir de meilleur appui qu'une Agriculture floriſſante. Ne cherchons point à juger une prétendue rivalité de ſyſtême, une oppoſition apparente de principes & de vues, entre deux Miniſtres également bienfaiteurs de la Nation, & qui ont dirigé ſucceſſivement les reſſorts de ſon bonheur & de ſa gloire. Il falloit, ſans doute, que le Reſtaurateur de l'Agriculture précédât le Fondateur du Commerce & des Arts. Il falloit à la France l'amour tendre & actif du grand Henry pour ſes Peuples, avec l'économie ſalutaire de Sully, pour oublier ſes malheurs, & l'amour de la gloire qui enflammoit la grande ame de Louis XIV, avec la fécondité & l'élévation du Génie calculateur de Colbert, pour imprimer à ſa puiſſance un éclat ineffaçable.

Oui

Le plus grand & le plus ancien Empire de l'Univers lui doit sa splendeur, qui, loin d'être obscurcie par les victoires des Peuples barbares qui l'ont conquis, s'est renouvellée, avec plus d'éclat, par le pouvoir seul de la législation qui a subjugué leurs vainqueurs.

Par-tout où a regné cette législation sublime qui a policé les Nations pour le bonheur de l'humanité, cette politique sage & bienfaisante qui affermit la puissance publique par l'amour des Peuples, les Sciences & les Arts ont été particuliérement protégés, & ont fait, par leur succès, la gloire & la félicité publique.

La Grece, ce point presque imperceptible du Globe, mais qui est devenu la Patrie des Sciences & des Arts, & même de la Sagesse, a plus fait pour le bonheur & la perfection de l'humanité, que les grands Empires qui ont envahi une partie de la Terre, souvent pour faire un plus grand nombre de malheureux. Quel Peuple a jamais produit autant de Citoyens illustres, de Sages, de Philosophes, que cette heureuse région, où le feu du génie a naturalisé, pour ainsi dire, les Sciences & les Arts avec les vertus héroïques, où les Romains puisoient leurs loix, leurs modeles d'éloquence que l'on admirera dans tous les siecles, où les Peuples les plus éclairés de l'antiquité rendoient hommage au goût le plus pur qui distinguoit les Sciences & les Arts de la Grece, & qui fait toujours le véritable prix des connoissances humaines ?

C'est par ce genre de supériorité qu'elle a su maintenir, pendant long-tems, la liberté de ses Citoyens, en déployant leur courage réfléchi, & dirigé par l'Art & le génie, contre des armées innombrables qui vouloient l'opprimer. Souvent l'éloquence seule de ses Orateurs lui a donné plus d'ascendant sur ses ennemis que des combats & des victoires.

Quel triomphe pour l'éloquence de Démosthene d'avoir

vaincu l'ennemi le plus dangereux de la Grece, & sauvé l'honneur & la liberté de sa Patrie, par la seule puissance de cet Art admirable qui sait maîtriser les cœurs, & regner sur les esprits ! Est-il un Empire plus noble & plus digne de la vertu & du génie, qui cherche l'immortalité par des traits utiles à l'humanité ?

C'est par l'Éloquence que les caracteres durs & farouches s'attendrissent pour l'infortune, & apprennent à goûter les charmes de la sensibilité & de la bienfaisance. C'est elle qui fait regner la justice & les loix, en dévoilant, dans les Tribunaux, les complots du crime & les artifices de la chicane ; qui déploie, avec majesté, les grandes maximes de la Religion, & couronne les vertus, après leur terme fatal, dans ces éloges sacrés que la flatterie ne peut plus corrompre. C'est elle qui fait imprimer, dans tous les cœurs, l'audace & le mépris de la mort dans les combats, la douceur & la modération dans les victoires, qui, dans le grand Art des négociations, fait désarmer la jalousie des Puissances rivales, vaincre leurs préjugés, affermir la confiance des Alliés, & fonder une paix solide sur l'heureux accord des intérêts des Peuples. Non, il n'appartient qu'à l'Éloquence d'émouvoir à son gré toutes les passions pour les rendre utiles au bonheur de l'humanité, ou de les calmer & d'embellir la raison même, en lui prêtant les graces du sentiment. Il n'appartient qu'à cet Art sublime de couronner, par ses Talents, l'utilité des Sciences & des Arts, & de la graver dans tous les cœurs par ses propres bienfaits.

Mais, après avoir admiré, avec réflexion, l'utilité & les progrès de l'Éloquence qui s'est élevée, chez les Grecs, au plus haut degré de perfection, pourrions-nous être insensibles aux charmes de la Poésie, qui peint, avec de si vives couleurs, les beautés de la Nature & toutes ses variétés, qui, tantôt majeſtueuſe & ſublime, avec le plus grand des Poëtes Grecs, éleve & tranſporte l'ame parmi les Etres immortels, ou l'attache vivement à la fortune des Héros & au ſort des combats, &, tantôt naturelle & ſimple, enſeigne aux hommes les Arts utiles & l'heureux mêlange des plaiſirs qui adouciſſent leurs travaux. Quelles ingénieuſes fictions la Poéſie n'a-t-elle pas créées pour embellir la Morale ! Quel agréable coloris ne fait-elle pas donner à d'utiles leçons pour corriger les hommes ſous les apparences du badinage !

Ne cherchons point, MESSIEURS, dans l'antiquité, les modeles de cette aimable & ſage Poéſie ; elle nous envieroit les graces & les agréments du Peintre de la Nature ſi cher à cette Aſſemblée, qui ne reſpire, dans ſes productions, que la raiſon & le ſentiment ſous le voile de l'enjouement. Quels titres pour chérir la Poéſie ! Mais ne lui refuſons pas une prérogative qui l'ennoblit encore ; celle de concourir à la perfection & au bonheur de l'humanité, en gravant ſes vertus & ſes Bienfaiteurs dans des monuments que les ſiecles ne peuvent détruire..

La Peinture, cette compagne de la Poéſie, qui, de ſimple imitatrice de la Nature, eſt parvenue quelquefois, dans ſes chefs-d'œuvres, à rendre ſes beautés plus vives & plus touchantes, qui fait également émouvoir, effrayer, attendrir par la force & la vérité des ſpectacles qu'elle a créés ; la Sculpture, cet Art admirable, qui donne la vie au marbre, & lui prête le ſentiment, dont le principe eſt un ſecret de la Nature ; ces différents Arts, dont la découverte & la perfection ont fait la gloire de la Grece & l'honneur de l'eſprit humain, ſe diſputent l'avantage d'avoir perpétué, juſqu'à nous, le ſouvenir, l'amour & l'imitation de mille traits utiles à l'humanité.

Mais l'Empire des Sciences & des Arts, ſemblable aux

États politiques, eſt ſujet aux viciſſitudes & à l'ordre des événements qui reglent leur accroiſſement, leur grandeur, leur décadence; les Sciences de la Grece perdirent leur éclat, lorſqu'elle perdit ſa liberté; &, dédaignant le ſéjour d'une région ſubjuguée par les Maîtres de l'Univers, elles porterent au Peuple vainqueur leur ſplendeur & leurs richeſſes, avec les monuments précieux dont la Grece fut dépouillée.

Le ſiecle d'Auguſte, ſi renommé par le goût & la perfection des Sciences & des Arts, fut leur regne & l'époque la plus mémorable de leur gloire. Chéris & protégés par le Maître du Monde, ils déployerent les productions les plus ſublimes du génie dans tous les genres, qui ont attaché à la félicité de ce Regne un éclat immortel. Avec eux, on vit la juſtice & la bienfaiſance veiller au bonheur de l'humanité, les Arts & le Commerce répandre l'abondance chez tous les Peuples, l'ignorance & la barbarie des mœurs bannies de la plus grande partie de l'Univers, heureux d'être ſubjugué pour être éclairé & civiliſé.

Des jours ſi purs & ſi brillants ne tarderent pas à s'obſcurcir, par la décadence du bon goût & l'aviliſſement des Sciences, ſous des Princes auſſi ennemis des Talents que des vertus. Dans cette foule d'Empereurs qui ſe ſuccéderent rapidement & ne montrerent que des vices, de la foibleſſe, ou de la barbarie, quelques-uns, dignes du rang ſuprême, par leurs vertus, amateurs de la juſtice & des Sciences, tenterent de les faire revivre, & s'attacherent particuliérement à perfectionner la Juriſprudence & les Loix; mais ils ne purent perfectionner ni les hommes, ni les mœurs, ni relever les Sciences & les Arts négligés par leur ſiecle déja demi-barbare. La ſageſſe ſeule de leurs loix les a fait regner juſqu'à nous, malgré les grandes révolutions qui ont amené la deſtruction de l'Empire Romain, &, avec elle,

l'extinction

Oui, ce siecle de Louis XIV, si justement comparé au siecle d'Auguste, pour la perfection des Sciences & des Arts, ne pouvoit atteindre à cette supériorité de goût & de connoissances, que par des impulsions de grandeur & d'héroïsme émanées du Trône, pour donner l'essor aux talents, & déployer le génie. Quel autre principe pouvoit tout-à-coup renouveller un grand Peuple, généreux, à la vérité, & supérieur par ses vertus & son courage, mais languissant dans l'ignorance, & dépendant des Étrangers, pour ses besoins, resserré dans ses limites, négligé par les Puissances éloignées faute d'Arts, de Commerce & d'Industrie ?

Comment a-t-il pu sortir, tout-à-coup, de cet engourdissement, embrasser tous les Arts, former des Compagnies de Commerce qui se répandent dans toutes les Mers, créer des Ports maritimes, fixer la confiance & la bonne foi, par la sagesse des Réglements, faire circuler, dans toutes ses Provinces, les productions de la terre & celles de son industrie, par la construction des grands chemins & des canaux ?

Par quelle heureuse révolution le génie des Sciences a-t-il suscité, en même temps, ces Auteurs sublimes qui partagent l'empire Dramatique qu'ils ont créé & perfectionné, ces grands Orateurs qui ont acquis, à la langue Françoise, toutes les beautés, la force & le goût, qui avoit fait regner, seule & sans partage, jusqu'à ce siecle, l'Eloquence Grecque & Latine ; ces Poëtes illustres qui ont dicté les loix de l'art Poétique, qu'ils ont fait revivre dans leurs Ecrits, qui ont instruit les hommes par les ingénieuses fictions de la fable, ou corrigé leurs mœurs, en peignant leurs vices & leurs ridicules, avec le sel le plus piquant de l'enjouement ; ces Génies sublimes, amateurs de la vérité, qui ont détruit les absurdités de l'ancienne Philosophie, interrogé la Nature avec simplicité, & dépouillé les Sciences d'un langage inintelligible ?

E

Cette révolution générale dans les Sciences & dans les Arts, n'a-t-elle pas fait sentir ses heureuses influences jusques dans les retraites obscures de la chicane, en perfectionnant la Législation Civile & Criminelle ? l'Art même de la Guerre, cet Art terrible, mais nécessaire, n'a-t-il pas été perfectionné par une nouvelle législation, une Tactique combinée par le Génie, qui l'ont rendu plus utile à la défense de l'humanité, en le rendant plus redoutable ?

Tel est ce siecle mémorable de Louis XIV, qui a fondé plus solidement sa propre gloire, & le bonheur de la Nation, par la perfection des Sciences & des Arts qu'il a favorisés, que par ses victoires, dont le souvenir est presque effacé par ses derniers revers ; mais les Sciences n'ont point partagé les tristes révolutions, les disgraces qui ont obscurci la gloire militaire de ce Regne. Elles ont soutenu leur Empire, étendu les connoissances humaines, &, par leur activité bienfaisante, sous le Regne de Louis XV, elles ont appris aux Peuples, combien la modération d'un Prince, ami de la paix, la bonté d'un Souverain, ami des Sciences & des Arts, peuvent les rendre utiles à la félicité publique.

On auroit pu croire que la nature, épuisée par les dons qu'elle a faits au siecle de Louis XIV, refuseroit, peut-être, à celui de Louis XV, l'avantage des talents, ou que les Sujets, épuisés par tant de productions sublimes, se refuseroient au génie ; mais il manquoit à la Nation, un Poëme comparable à ceux de l'antiquité. Bientôt un Génie célebre a mis, dans son premier âge, le dernier trait à la gloire de notre Poésie, en célébrant, dans ses Chants immortels, le sujet le plus intéressant pour des cœurs François, les vertus du grand Henry terrassant la ligue, & s'affermissant sur son Trône.

Tous les Arts généralement, jaloux de concourir à la gloire de la France, devenue dépositaire de la confiance &

de la tranquillité de l'Europe, ont orné fa Capitale de leurs monuments, qui lui affurent la prééminence du goût fur les autres Nations.

Dans toutes fes Provinces, l'amour des Sciences & des Arts, leur a élevé des Temples qui agrandiffent leur empire, par une correfpondance utile, & le perpétueront en fervant de dépôt aux connoiffances humaines. Ne blâmons point cette ardeur générale de favoir & de s'inftruire, qui détruit les ennemis les plus dangereux de la Société, l'ignorance & l'oifiveté ; tout fert aux vues du génie actif des Sciences, qui s'enrichit, fans ceffe, de toutes les connoiffances nouvelles, & fait employer jufqu'aux plus foibles talents.

Quel progrès notre fiecle n'a-t-il pas fait dans l'étude de la Nature, par des recherches multipliées de toutes parts, dont la réunion expofe, au grand jour, fes plus fecretes opérations ? Auroit-on pu croire, dans les fiecles précédents, qu'un Savant Phyficien de nos jours, découvriroit un feu électrique répandu dans toute la Nature, expliqueroit fes propriétés, analyferoit le tonnerre, ce météore redoutable, & fe feroit un jeu de le diriger à fon gré ?

Auroit-on prévu, même dans le fiecle éclairé de Louis XIV, que des Géometres profonds & courageux, par les impulfions d'un Miniftre chéri des Sciences & des Arts, de la Nation, & d'un Maître qui appelle les vertus près du Trône, pénétreroient jufqu'aux extrémités prefque inacceffibles de l'Univers, pour les foumettre au génie des fciences, & à fes calculs, en mefurant la forme du Globe ? Enfin, ne femble-t-il pas que la Nature ait réfervé la découverte de fes opérations les plus fecretes, de fes productions innombrables, au Naturalifte célebre qui les explique avec une éloquence digne d'un fi grand fujet, qui loin de chercher la vérité dans des fyftêmes toujours contraires au progrès des connoissances, leur a substitué la théorie & les faits par lesquels seuls la Nature se fait connoître.

Quel Art, quelle Science pourroit-on citer, qui ait échappé à l'activité de notre siecle ; l'Astronomie n'a-t-elle pas perfectionné ses calculs sur le mouvement des corps Célestes, par de savantes observations combinées dans les points les plus éloignés du Globe ? la Géographie ne vient-elle pas d'étendre ses découvertes dans des Régions inconnues, dans les Terres australes, par une rivalité glorieuse aux deux Peuples qui se livrent à ses recherches.

Quelle perfection notre Législation n'a-t-elle pas acquise par ces sages Ordonnances qui ont fixé les actes les plus importans de la Société, les Donations, les Testaments, les Substitutions, monuments immortels d'un génie qui honore deux siecles ?

Quel nouveau bienfait la Médecine n'a-t-elle pas répandu sur l'humanité, par le don qu'elle a fait à nos Climats, de cette méthode précieuse qui prévient les dangers de la maladie la plus destructive entre les mains de la Nature, & si docile, lorsque l'art l'appelle pour la diriger ? jouissons, avec transport, du plus inestimable bienfait qui puisse signaler l'inoculation . . . . . la conservation de l'Auguste Famille qui renferme nos espérances, notre amour & nos vœux ! Que pourrois-je ajoûter à cet exemple éclatant de l'influence favorable des Sciences & des Arts, pour le bonheur de l'humanité ? Achevons le tableau de tous les avantages attachés à leur perfection actuelle, par le trait le plus frappant qui caractérise notre siecle, l'amour de l'Agriculture.

Parcourez la France, ce grand Royaume, naturellement fertile, si long-temps négligé, défriché par Sully, vivifié par Colbert, mais devenu presque désert par les malheurs qui ont terminé le regne de Louis XIV. Voyez aujourd'hui tous les Citoyens dirigés par une raison plus éclairée; tous les Ordres du Royaume, oubliant leurs préjugés, confondre leurs voix pour animer l'Agriculture, pour l'honorer & placer le Cultivateur, cette classe d'hommes si précieux & si long-temps dédaignés, au rang des Citoyens les plus chers à l'État.

Voyez ces déserts changés en campagnes fertiles; ces montagnes cultivées jusqu'à la cime; ces marais desséchés & couverts d'une riche moisson, ce Cultivateur infatigable, encouragé dans son travail par l'exemption d'impôts accordée aux Desséchements & aux Défrichements; cette circulation des grains qui, semblable aux flots de la Mer, communique son mouvement de proche en proche, d'une extrêmité du Royaume à l'autre, & attire même les richesses de l'Étranger, si l'on conserve la balance que la cupidité cherche toujours à détruire.

Voyez ces routes superbes qui ont préparé les grands progrès de l'Agriculture & du Commerce intérieur, en ouvrant des communications faciles & promptes entre toutes les Provinces, pour le transport de leurs productions réciproques; ces canaux si précieux pour établir une navigation intérieure, dont les avantages sont inestimables, & qu'il étoit réservé à la France & à notre siècle de porter à sa derniere perfection; arrêtez-vous dans cette Province où la vigilance du Gouvernement répand particuliérement ce nouveau genre de bienfaits, & fixez vos regards sur ces travaux étonnants qui attirent aujourd'hui l'attention de l'Europe entiere.

La Somme, qui prend sa source dans la Picardie & la traverse pour se perdre dans la Mer qui baigne ses côtes, se refusoit à la navigation jusqu'à Amiens, par l'épanchement de ses eaux dans les campagnes, dans un cours de vingt lieues. Là commence une navigation difficile jusqu'à Abbeville, où les flots de la Mer viennent chercher les bateaux qui descendent & apportent ceux des ports de Saint-Valery & du Crotoy.

F

Cette Province defiroit depuis long-temps une navigation foutenue dans la partie fupérieure de la Somme, & perfectionnée dans les parties inférieures, pour réunir les deux extrémités, par un Commerce général communiquant avec la Mer.

Ce projet, anciennement conçu & propofé, perfectionné enfin par le célebre Laurent, & commencé fous fa direction, eft déja exécuté en partie, par la conftruction d'un Canal fur la rive gauche de la Somme, qui fe réunit, avec elle, dans les parties navigables, & produira une navigation de trente-quatre lieues fur cette Riviere, & une communication directe avec la Mer.

Mais cette navigation particuliere à la Picardie devient, par l'entreprife la plus hardie de l'induftrie humaine, un point nouveau de réunion des principaux Fleuves du Royaume & de tous les Canaux qui s'y joignent. La Somme, placée entre l'Oife & l'Efcaut, communique avec ce premier Fleuve, par l'ancien Canal de Picardie, connu fous le nom du *Canal de la Fere*. Sa jonction avec l'Efcaut ne pouvoit fe faire que par un Canal de quatorze lieues de longueur au moins, en prenant la Somme dans l'endroit où elle eft navigable, près de Saint-Quentin, & en perçant ce Canal en ligne droite, pour réunir les deux Fleuves au-deffous de Cambray; mais la Nature fembloit avoir mis à ce projet des obftacles infurmontables, par des chaînes de montagnes ou d'élévations que l'on ne pouvoit éviter que par un détour de huit à neuf lieues, qui auroit entraîné des travaux immenfes, enlevé à l'Agriculture beaucoup de terres précieufes, & qui auroit exigé la conftruction & l'entretien d'un grand nombre d'éclufes, pour former un niveau de communication entre les deux Rivieres, dont les hauteurs ont foixante pieds de différence.

M. Laurent, cet Artifte immortel, que nous regrettons avec toute l'Europe, après avoir fondé les profondeurs, reconnu la qualité du terrein, mefuré les pentes des deux Rivieres, calculé toutes les difficultés, a démontré la possibilité de percer ces élévations en ligne droite, par un Canal souterrein propre à la navigation. Sa longueur doit être de 7020 toises, sous des masses de plus de 200 pieds, dans quelques endroits. L'heureuse exécution de cet ouvrage admirable, par sa hardiesse, confirme, de plus en plus, la sagesse de ses combinaisons, & en assure le succès.

Le Canal entre sous terre près de Lesdin, à une lieue, au Nord, de Saint-Quentin; il reçoit l'air & la lumiere par des puits creusés, de cent toises en cent toises, qui servent, en même temps, à l'extraction des débris des fouilles. La voûte est taillée en plein ceintre dans les couches pierreuses, à travers lesquelles on pénétre. Elles ont toute la solidité nécessaire dans la plus grande partie des terreins où les excavations sont faites; mais dans ceux où l'on craindroit des éboulements, la voûte sera soutenue par des arcs de maçonnerie. Sa hauteur est de vingt pieds, & sa largeur de seize, indépendamment des banquettes ou trotoirs ménagés au-dessus du niveau de l'eau, pour servir de chemin aux halleurs ou tireurs de batteaux.

L'entrée & la sortie de ce Canal souterrein seront décorées de deux portes triomphales élevées à la gloire du Roi. Déja l'on a percé plus de cinq mille toises, dont une partie, conduite à sa perfection, est devenue l'objet de la curiosité, & même de l'admiration d'un grand nombre de personnes distinguées par leurs places & par leurs lumieres; soit de la France, soit des Pays Étrangers.

Cet Ouvrage, auquel l'antiquité n'a rien fait de comparable, dans ce genre, ne sera pas moins admirable, par son utilité, en formant la jonction de l'Escaut, & des Canaux par lesquels ce Fleuve étend sa navigation dans toute la Flandre, la Hollande, & les Pays-Bas, avec la Somme, l'Oise, la Seine, la Loire & l'Yonne, qui communiqueront à ce grand nombre de riches Provinces qu'elles parcourent, tous les avantages d'un commerce si général, & de leurs débouchés dans la Mer.

Des travaux, si dignes d'une grande Monarchie, exécutés jusqu'à leur derniere perfection, éleveront le premier monument immortel du Siecle de LOUIS XVI, d'un Regne qui sera mémorable par la félicité des Peuples, & par l'exemple si rare d'un jeune Monarque qui leur consacre entiérement l'âge le plus précieux, & le plus exposé à la séduction des plaisirs.

Puisse cette Province, la plus ancienne de la Monarchie, & si souvent honorée de l'auguste présence de nos Rois, s'acquérir encore une nouvelle prééminence, par sa reconnoissance pour leurs bienfaits, par ce tendre amour pour eux, qui fait le caractere & le bonheur des François, sentiment qui renaît aujourd'hui, avec une nouvelle ardeur, au tour d'un Trône que la vertu partage avec les graces, & qui jette un nouvel éclat, par la bienfaisance d'un Monarque chéri, d'une Reine auguste, née pour regner sur tous les cœurs, & des Princes si chers à la France dont ils sont l'ornement & l'appui.

Qu'il me sera doux d'être l'organe de leurs bontés pour cette Province, & de remplir leurs vues bienfaisantes, en signalant mon zele pour son bonheur!

Depuis que ce Discours à été prononcé, Monseigneur le Comte d'Artois à visité le Canal souterrein, & après l'avoir examiné avec beaucoup d'attention, en a témoigné la plus grande satisfaction, & a permis de rendre public le suffrage dont il a honoré ce Monument.

Monsieur le Duc & Madame la Duchesse de Cumberland ont vû le même ouvrage avec autant de plaisir que d'admiration, selon les termes d'une lettre écrite & rendue publique par les ordres de Leurs Altesses Royales.